海漠.瓦图莱能

喵喵 – 我是小猫凯蒂。我用照片来讲我的生活第一年的故事。,

海漠.瓦图莱能

我是小猫凯蒂

这是我的妈妈。
我离开家之前还小所以我不记得她的名字。

这是我的妈妈和我的姐妹。你猜猜这三个小猫中哪一个是我呢？

我坐在一个木片篮子里面到了新家。

但是我没有享受那个过程,所以我开始走去看看,可以找到什么在这里。

我在门口后面看着，我问自己敢不敢进去。后来我勇敢的迈出一步。

我找到了我一直想找的东西 - 我的饭碗 - 我开始饿了。真幸运这里的饭菜味道不错。

脸已经洗干净了,肚子也饱了,是时间睡觉了!

第一晚上住在新家,我在被子下面睡觉。这样我觉得有安全感。

玩耍的时间到了。先玩抓小球吧!

玩棉绳游戏 - 我努力把棉绳弄到床上去,但是我想最后还是只能在地板上玩。

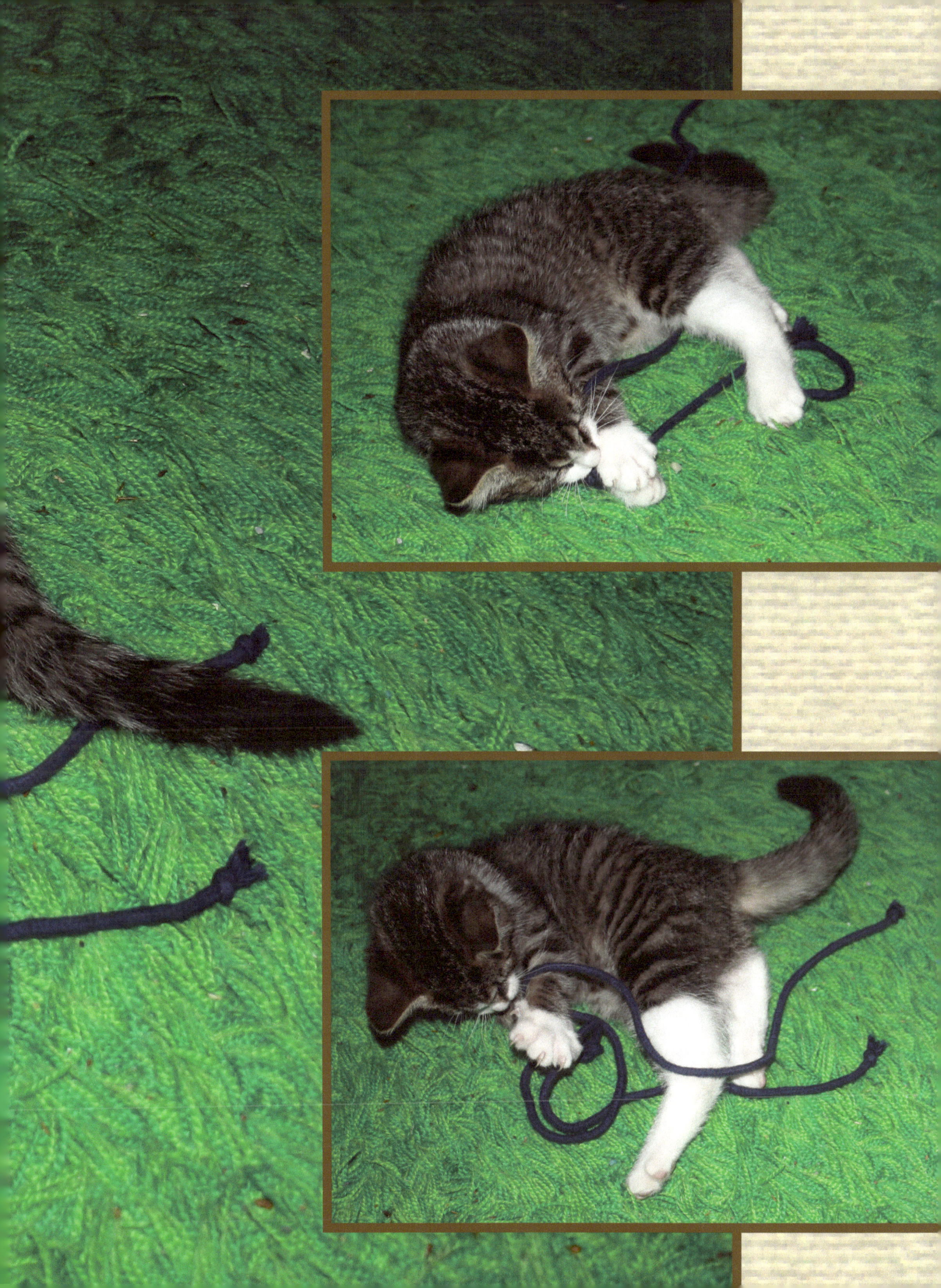

棉绳就那样玩了，我在想去有玩新的东西。

我的第一次乡村旅行。这里好多东西我想去看，不过我发现自己感兴趣的是熊蜂。

好玩的东西到处都是。

玩纸盒。

我经常跟邻居的马库斯和米卡一起玩。现在我们玩纸盒。

喵-这里有长得像我的猫咪?

躲藏在在报纸下面的确是比较好玩的事情。不过更好玩的就是抓毛毯。

呜呜

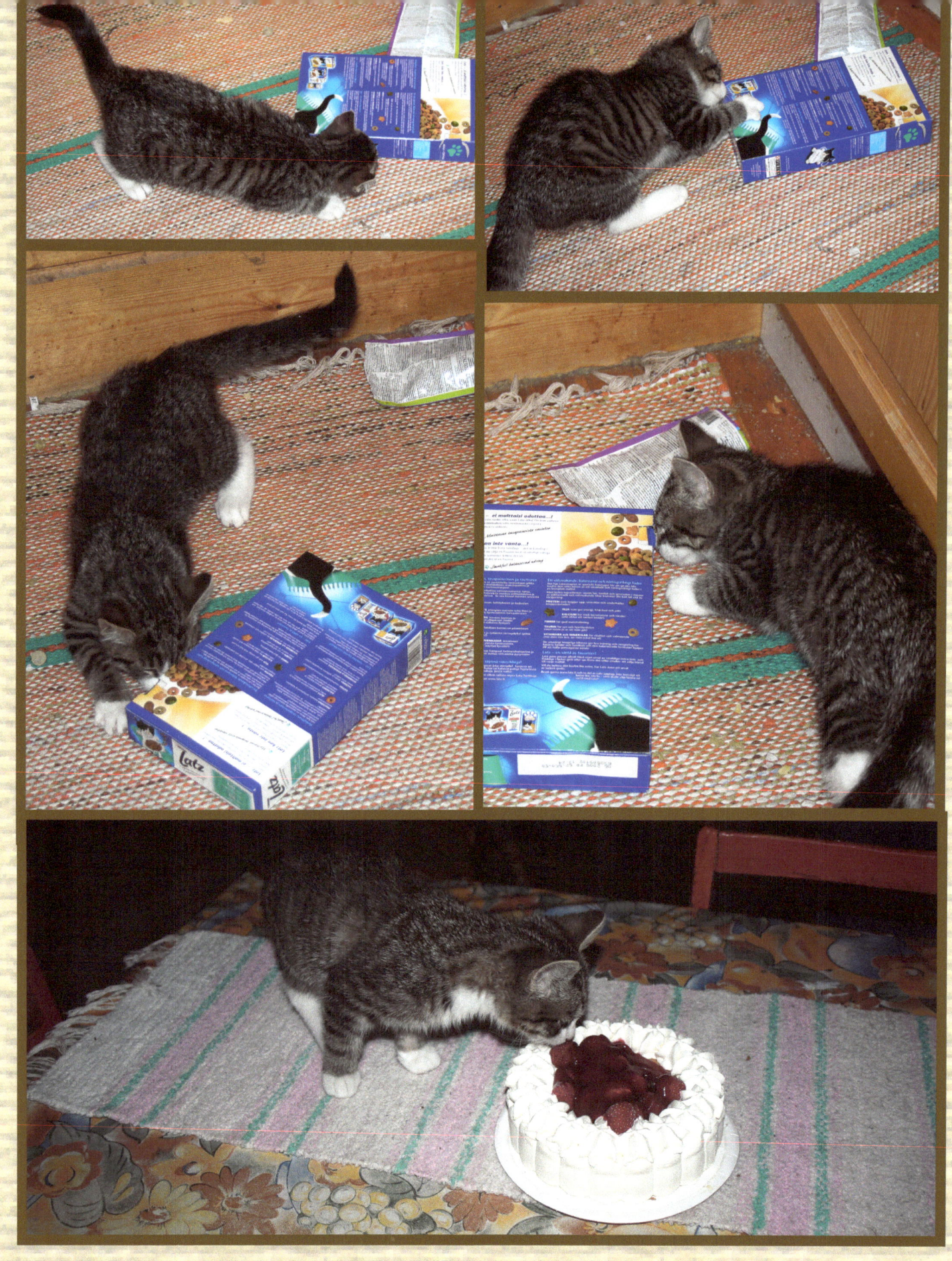

菜盒没有打开,但是桌子上有蛋糕,我能不能尝一尝呢?

凯蒂的曲子 - 我喜欢跳到键盘上。我想我可以弹音乐和作曲。只要按住录音键，凯蒂的曲子就这样诞生了。

我为了延长这个音符,
坐在这里很久了。
不过不得不缩短它。

中间需要休息一下,顺便想新的旋律。

桌子下面还有没有设么音乐？

下面没有找到什么曲调，但是我找到了我的纸盒。

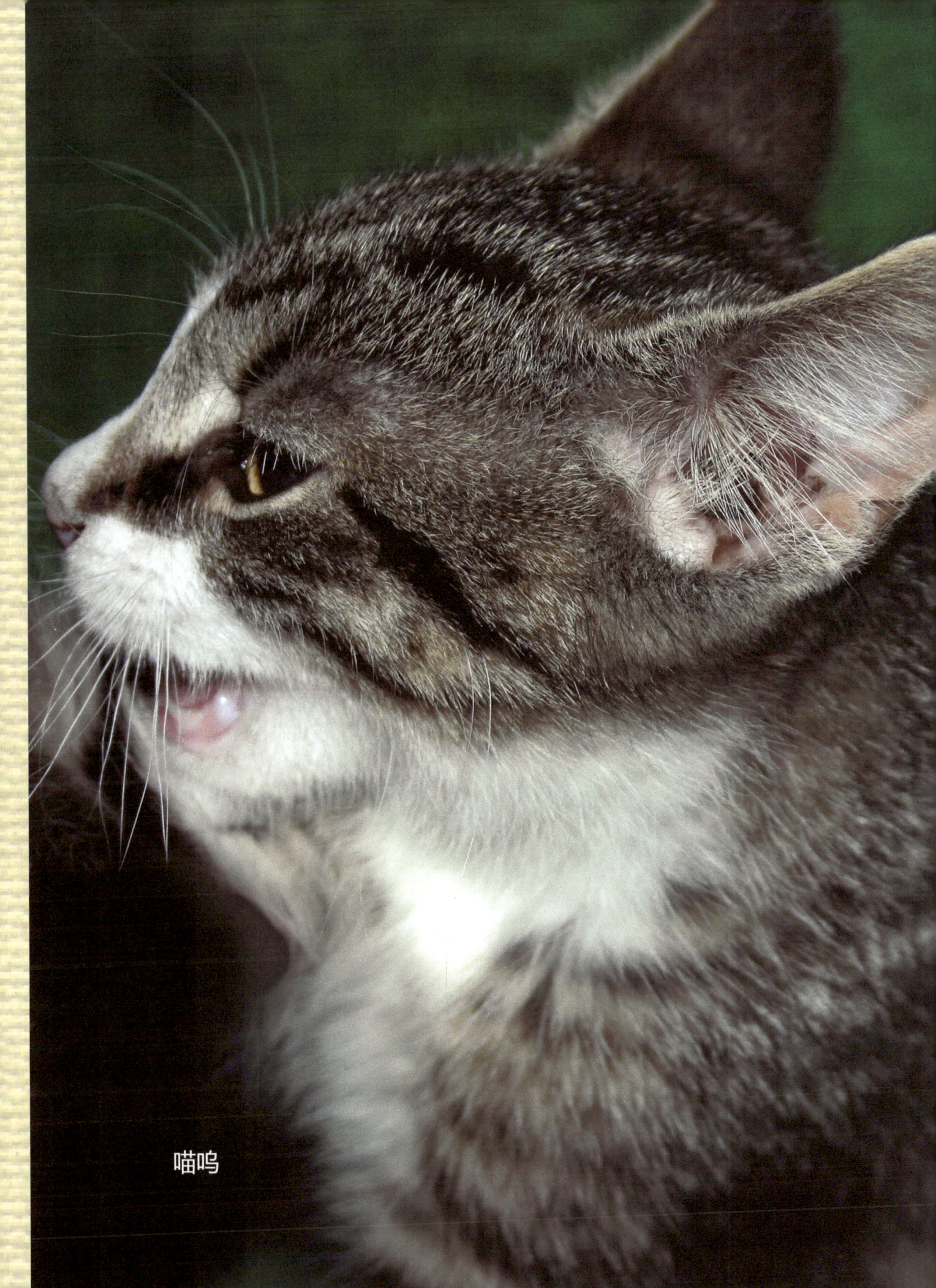
喵呜

先翻过来，
然后再翻过去

我喜欢爬墙。爬到了高位置的时候,就要慢慢的爬下去。

我经常看窗外。
从这里可以明显的看出来，
我的家在一片森林中。

我又玩棉绳了，也抓了毛毯。

感觉好干净整洁啊！我门准备去看希尔玛的家。

我们已经到了。我在这里好像可以找到新的东西。土豆田是一个躲藏的好地方，不过遛猫绳很麻烦，去看朋友的时候都要戴上它。

我现在在哪里？好多水啊！还有好大的水杯，喝不玩的水。

回家的时间到了。我忘记了食品在家,所以现在饿肚子了。

喵 - 我在哪呢?- 找得到吗?

我在这里。

我怎么进来这个袋子的?猜猜我能不能自己出来?

78

喵呜 - 我可以进去吗？谁来开门吧。

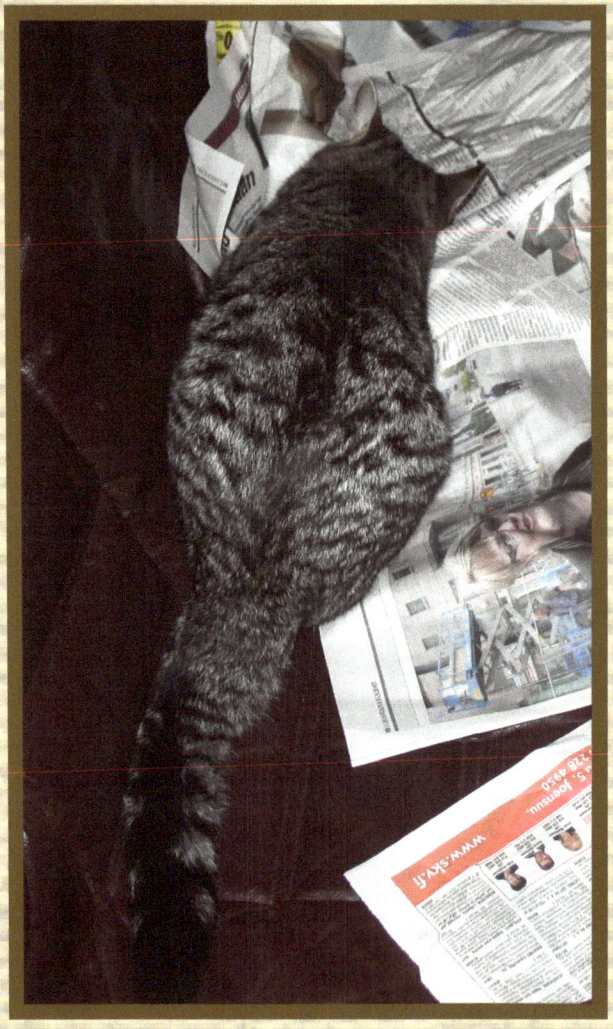

我在看报纸。我也经常会看因为喜欢。

特别是中间几页要仔细的看。

中间眼睛也要休息一下。

喵 - 冰箱还开着。

没有找到什么好吃的，
只有白菜还有鸡蛋。

看！上面有苍蝇。我希望它会飞近一点，我们就可以一起玩。

找的了我饭碗,
但是里面是没有什么。

饭碗是空的，但是盒子里面应该可以找到好吃的。

第一场雪

这些白白冷冷的是什么东西?

它下越来越多。现在它已经覆盖了整地面。

我要进去暖和一下不然我的爪就被冻结了。

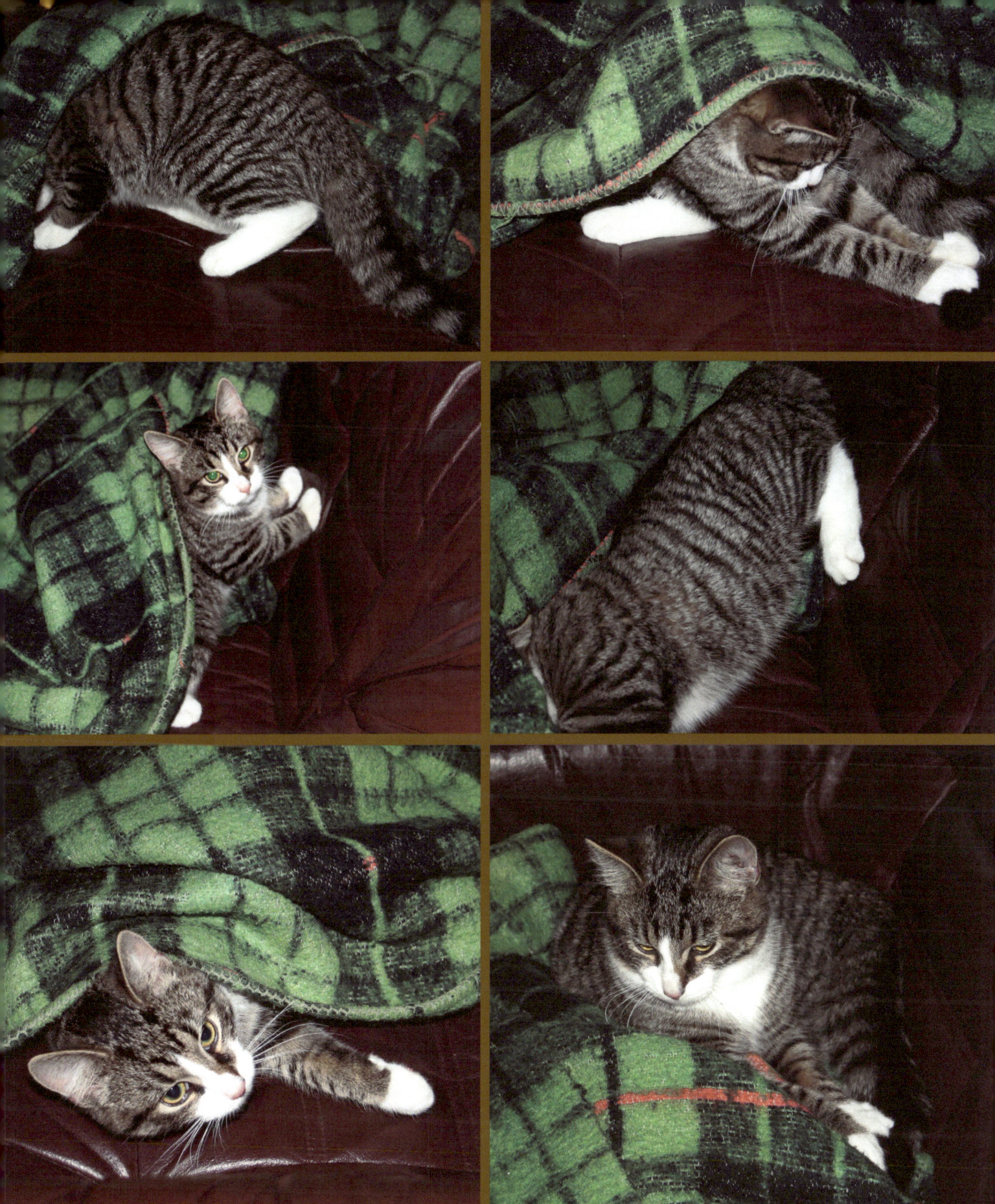

快盖上被子,让身体暖起来。

卷筒纸很好玩。

玩拖鞋也还不错。

外面好冷!

我摆个姿势。

我也看电视。最好看的就是自然纪录片。

外面还是冷冻天气,这个时候最好的睡觉地方是壁炉旁边。

不知道木箱里面有没有木头。不过在这木箱上面睡觉最好了。

圣诞节

我在这里等圣诞老人来。我已经提前出去看是不是圣诞老人在路上,
他有没有带好吃的礼物来呢。

圣诞老人终于带礼物来了。他带给我好吃的礼物。
我就在平安夜享受这些美味。

圣诞节的天气没那么冷,我应该出去活动活动,消化一些我吃过的火腿。

好像外面还有点冷，我想穿上靴子。

跳高游戏

体重秤是一种重要的机器用来控制我的体重。

我的兔子朋友-普普丽和狮子朋友-勒卓尼。

我在哪里？找得到吗？

我也看冰球。我喜欢那些穿衣服黄色的球员。

橱柜上面是最好的地方观察所有正在发生的事情。

喵 - 我喜欢爬上树,然后自己爬下去。

132

又是冷冰的天气,我不敢出去逛。

这些纸板盒怎么会变小了，装不下我啊。

艺术猫

今天是我一岁生日,蛋糕真好吃。

142

我收到的生日礼物是一个小球玩具。

这是凯蒂,一岁。

KalleCat
Photography

海漠.瓦图莱能
Hemmo Vattulainen
kallecat@outlook.com

舒适的猫咪生活

www.ingramcontent.com/pod-product-compliance
Lightning Source LLC
Chambersburg PA
CBHW042053050526
44107CB00109B/1121